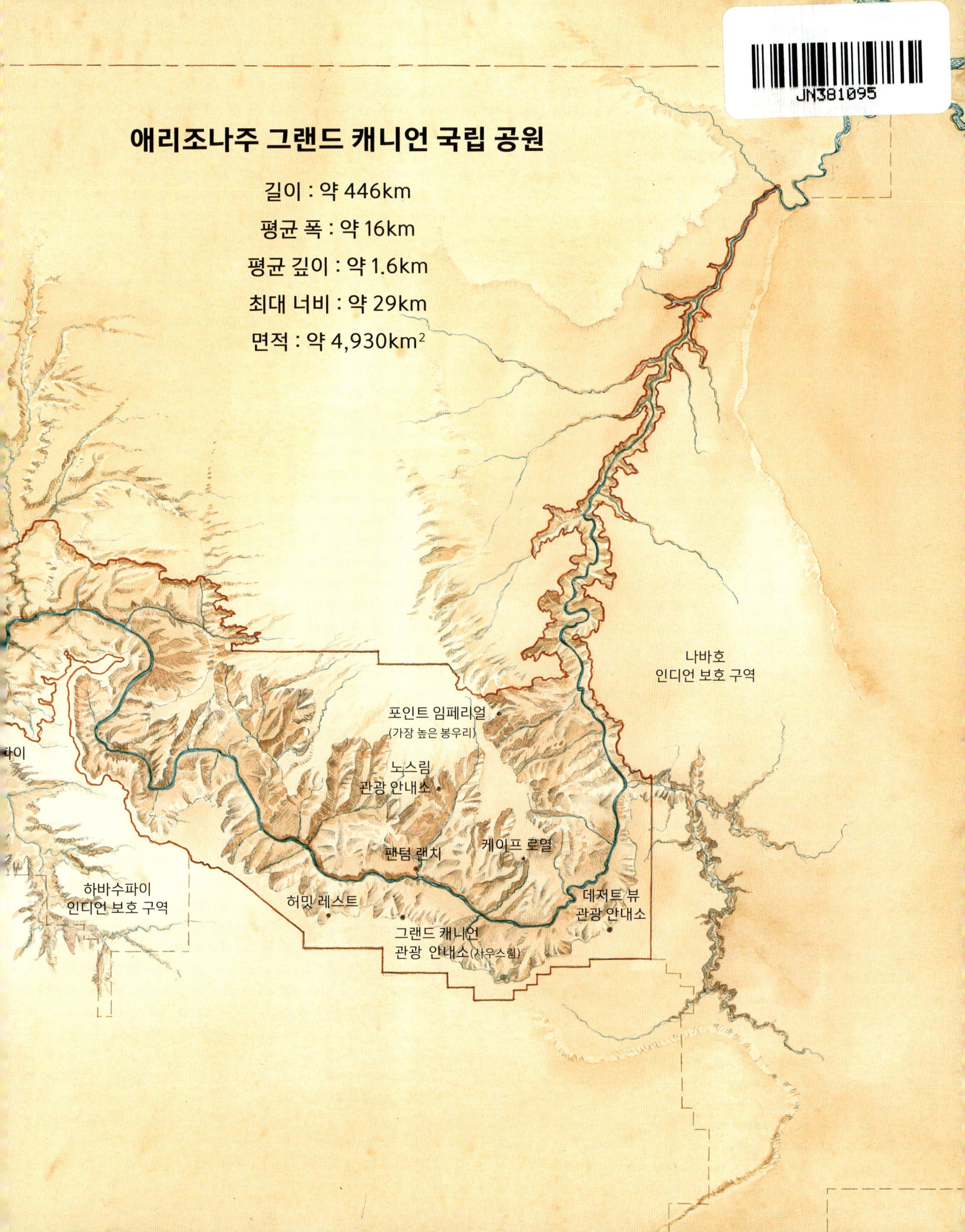

GRAND CANYON by Jason Chin
Copyright © 2017 by Jason Chin
All rights reserved.
This Korean edition was published by Spring Garden in 2018 by arrangement with Roaring Brook Press,
a division of Holtzbrinck Publishing Holdings Limited Partnership through KCC(Korea Copyright Center Inc.), Seoul.

이 책은 (주)한국저작권센터(KCC)를 통한 저작권자와의 독점계약으로 봄의정원에서 출간되었습니다.
저작권법에 의해 한국 내에서 보호를 받는 저작물이므로 무단전재와 복제를 금합니다.

물이 흐르며 땅을 파고들어요.

강물이 계속 흐르면서 땅을 더 깊이 파서 골짜기를 만들어요.

바람과 강물 때문에 양쪽 땅이 더 벌어져 골짜기가 넓어져요.

모래와 진흙이 강에 쓸려 내려가요.

이런 일이 수백만 년 동안 반복되었어요.
그래서 거대하고 험한 골짜기인 협곡, 그랜드 캐니언이 만들어졌어요.

그랜드 캐니언
지구에서 가장 거대한 협곡

제이슨 친 글·그림 | 윤정숙 옮김 | 이정모 감수

그랜드 캐니언은 지구에서 가장 크고 깊은 골짜기예요.
이런 골짜기를 '협곡'이라고 부르지요.
그랜드 캐니언은 446킬로미터나 길게 이어져요.
양쪽 땅이 가장 크게 벌어진 부분의 너비는 29킬로미터,
골짜기 깊이는 1.6킬로미터가 넘는 거대한 규모이지요.

그랜드 캐니언에는 믿기 힘들 정도로 다양한 동식물이 살고 있어요.
협곡의 바닥 쪽은 꼭대기와 다르게 온도가 더 높고 건조해요.
거대한 협곡은 높이에 따라 기후가 변하기 때문에 거기에 사는 동식물이 다 달라요.
그랜드 캐니언에서 기온이 가장 높은 곳은 깊이가 305미터쯤 되는 바닥인데,
이곳을 '이너 고지'라고 불러요.

그랜드 캐니언에서
가장 더운 이너 고지는 마치 사막 같아요.
하지만 이곳에 오아시스가 있지요.

그랜드 캐니언의 높이에 따른 생태
*높이는 근사치

북쪽 한대(온대와 한대 기후의 중간) 숲
2,500m 이상

폰데로사소나무 숲
2,134~2,500m

피논소나무-향나무 지대
1,220~2,134m

사막형 초원
1,220m 이하

하안지
강을 따라 이어져 있어요.
하안지는 강과 땅이
맞닿는 부분을 말하지요.

 너구리 (Raccoon)
 쇠청다리도요사촌 (Spotted sandpiper)
 청개구리 (Canyon tree frog)
 휘파람새 (Lucy's warbler)
 사막버드나무 (Desert willow)

오아시스는 아주 소중해요.
물이 있어서 잠자리와 개구리, 물사슴은 물론
멸종 위기에 놓인 딱새도 살아갈 수 있지요.
물가에서 아예 자리를 잡고 사는 동식물도 있고,
목이 마를 때마다 잠깐씩 이곳을 찾는 동물도 있어요.

 신부나비 (Mourning cloak)
 붉은점박이두꺼비 (Red-spotted toad)
 얼룩스컹크 (Spotted skunk)
 밀화부리 (Blue grosbeak)
 부들 (Cattails)

나무도마뱀 (Tree lizard)

비버 (Beaver)

플레임스키머 잠자리 (Flame skimmer dragonfly)

미루나무 (Cottonwood)

애리조나바크전갈 (Arizona bark scorpion)

그랜드 캐니언의 모든 물줄기는 가장 커다란 강을 향해 흘러가요.

물까마귀 (American dipper)

얼룩박쥐 (Spotted bat)

팽나무 (Netleaf hackberry)

딱새 (Southwestern willow flycatcher)

박태기나무 (Redbud)

그랜드 캐니언의 암석층이 만들어진 시기
*연대는 근사치

- 카이바브층 Kaibab Formation : 2억 7,000만 년 전
- 토로위프층 Toroweap Formation : 2억 7,300만 년 전
- 코코니노 사암층 Coconino Sandstone : 2억 7,500만 년 전
- 허밋층 Hermit Formation : 2억 8,000만 년 전
- 수파이 그룹 암석층 Supai Group : 3억 1,500만~2억 8,500만 년 전
- 서프라이즈 캐니언층 Surprise Canyon Formation : 3억 2,000만 년 전
- 레드월 석회암층 Redwall Limestone : 3억 4,000만 년 전
- 템플 뷰트층 Temple Butte Formation : 3억 8,500만 년 전
- 무아브 석회암층 Muav Limestone : 5억 500만 년 전
- 브라이트 엔젤 셰일층 Bright Angel Shale : 5억 1,500만 년 전
- 타피트 사암층 Tapeats Sandstone : 5억 2,500만 년 전
- 이너 고지
- 그랜드 캐니언 슈퍼그룹 암석층 : 12억~약 7억 4,000년 전
- 비슈누 기반암 Vishnu Basement Rocks : 18억 4,000만~16억 8,000만 년 전
- 콜로라도강

물줄기들이 모이는 곳은 바로 콜로라도강이에요.
강은 그랜드 캐니언을 가로지르면서 모래와 진흙을 쓸어 가요.
그러는 동안 강은 점점 깊어지지요.
약 500만 년 동안 이 강물은 땅과 바위를 깎고 파냈어요.
오늘날 콜로라도강은 아메리카 대륙의 가장 아랫부분에 있는
바위까지 파고들었지요.

그랜드 캐니언의 암석층을 보면 얼마나 오랜 세월에 걸쳐
이곳이 만들어졌는지 알 수 있어요.
암석은 흙이나 바위들이 쌓여 단단하게 변한 것을 말하지요.
가장 오래된 암석은 비슈누 기반암으로
약 18억 4,000만 년 전에 만들어졌지요.
시간이 흐름에 따라 그 위로 다른 암석들도 차곡차곡 쌓였어요.
그랜드 캐니언을 걷다 보면 마치 시간 여행을 하는 것처럼
그 암석들을 차례차례 만나게 된답니다.

10억 년 전부터 모래와 진흙이 기반암 위에 차례로 쌓였어요.

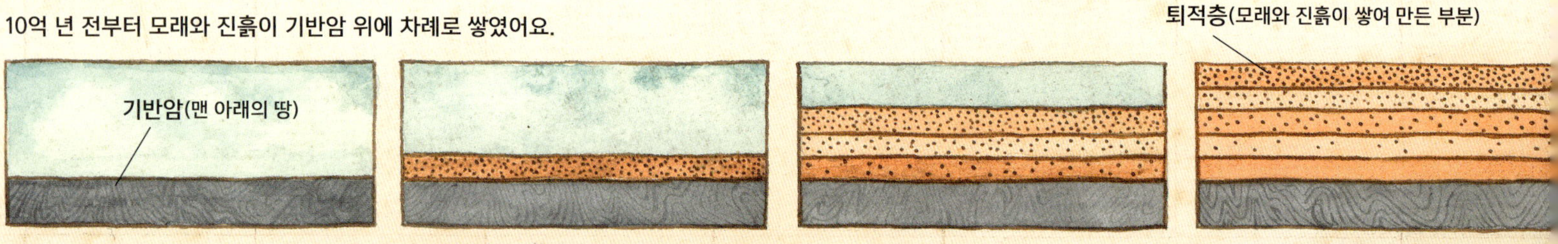

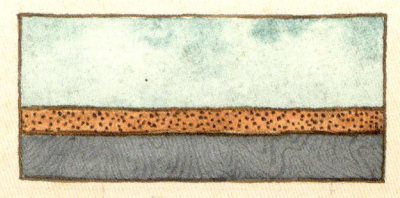

기반암(맨 아래의 땅)

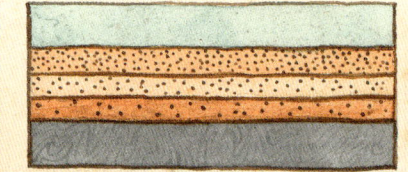

퇴적층(모래와 진흙이 쌓여 만든 부분)

비슈누 기반암 바로 위에는
그랜드 캐니언 슈퍼그룹 암석층이 있어요.
저길 보세요. 돌에 물결무늬가 새겨져 있어요.
저 무늬는 옛날에 이곳이 어땠는지를 말해 준답니다.
마치 과거를 보여 주는 창문처럼요.

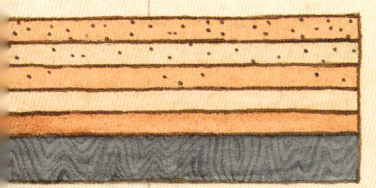

시간이 지나면서 퇴적층이 단단한 바위로 바뀌었어요.

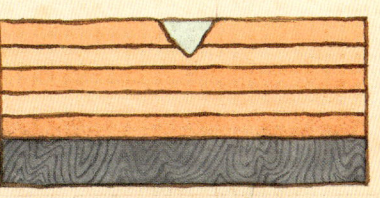

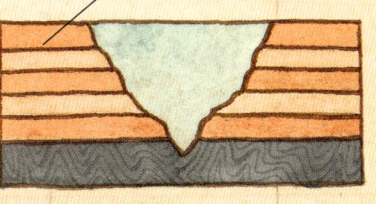

암석층(단단한 바위가 된 부분)

암석층은 바닥 쪽이 가장 먼저,
꼭대기 쪽이 가장 나중에 만들어졌지요.
그러다 세월이 오래 지나
암석층이 강물에 파이면서
그랜드 캐니언이 만들어졌어요.

자, 여기는 약 12억 년 전의 그랜드 캐니언이에요.
당시 지구에는 해조류와 박테리아 같은 미생물만 살고 있었어요.
눈에 보이지도 않을 정도로 아주 작은 생물들이
바닷속을 가득 채우고 있었지요.
이것들이 지구에 최초로 나타난 생명체예요.

오랜 옛날, 이곳은 바닷물이 들어왔다가 나갔다가 하는 갯벌이었어요.
갯벌은 시간이 흘러 단단한 암석으로 변했답니다.
암석 위에는 파도가 남긴 물결무늬가 남았지요.
이것이 그랜드 캐니언 슈퍼그룹 암석층의 한 부분이에요.

가시도마뱀
(Spiny lizard)

영양땅다람쥐(Antelope ground squirrel)

바나나유카(Banana yucca)

바위주머니쥐
(Rock pocket mouse)

사막거북
(Desert tortoise)

이너 고지에서 출발해서 골짜기를 오르다 보면
햇볕이 내리쬐는 넓은 언덕이 나와요.
이곳에 사는 동식물들은 건조한 환경에 잘 적응하고 있어요.
검은목참새는 오랫동안 물을 마시지 않고도 살 수 있답니다.
많은 동물이 한낮에는 더위를 피해 잠을 자고 밤에 활동해요.
주머니쥐는 밤에 먹이를 찾고,
주머니쥐를 잡아먹는 올빼미와 방울뱀도 해가 진 다음 움직이지요.

굴뚝새
(Canyon wren)

웨스턴롱노우즈드스네이크
(Western long-nosed snake)

검은목참새
(Black-throated sparrow)

목도리도마뱀
(Collared lizard)

캥거루쥐(Kangaroo

버세이지(Bursage)

링테일(Ringtail)

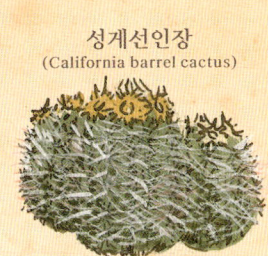
성게선인장
(California barrel cactus)

검은꼬리잭래빗
(Black-tailed jackrabbit)

척왈라
(Chuckwalla)

이곳에는 브라이트 엔젤 셰일층이 있어요.
그랜드 캐니언 슈퍼그룹 암석층이 생긴 다음,
2억 년이 더 지나 만들어진 것이지요.
여기에 있는 삼엽충 화석은 무엇을 말해 주는 것일까요?

모먼티(Mormon tea)

사막땃쥐
(Desert shrew)

블랙브러시(Blackbrush)

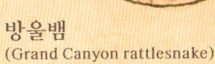
방울뱀
(Grand Canyon rattlesnake)

회색곰선인장
(Grizzly bear cactus)

오랜 옛날 이곳은 바다였어요.

자, 여기는 약 5억 1,500만 년 전의 그랜드 캐니언이에요.
지구의 역사에서 이쯤에는 다세포 생물들이 살았지요.
부드러운 몸을 가진 해파리가 바다를 떠다니고, 조개도 있었어요.
원뿔 모양으로 생긴 히올리스는 껍데기를 가진 최초의 생물이었답니다.
바다 맨 밑바닥에는 삼엽충이 돌아다녔어요.
삼엽충은 눈을 가진 최초의 동물이었지요.
그 밖에도 벌레처럼 생긴 여러 생명체가 모래와 진흙을 파고들었어요.
이곳이 브라이트 엔젤 셰일층으로 바뀌었지요.

브라이트 엔젤 셰일층 위로는
레드월 석회암층이라고 부르는 거대한 절벽이 솟아 있어요.
이곳에는 사람들이 가기 어려운 동굴이 많아요.
세상에서 가장 희귀한 새인 캘리포니아콘도르는
이곳 동굴들을 둥지로 삼아 살아가지요.

오랜 옛날, 바다가 여러 차례 그랜드 캐니언 지역을 뒤덮었어요.
바닷물의 높이가 높아지면서 모래, 진흙, 조개껍데기 등이 쌓였지요.

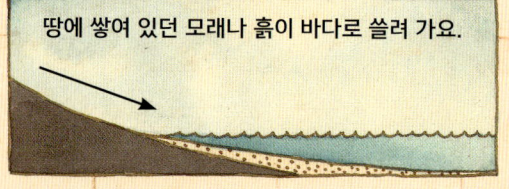

땅에 쌓여 있던 모래나 흙이 바다로 쓸려 가요.

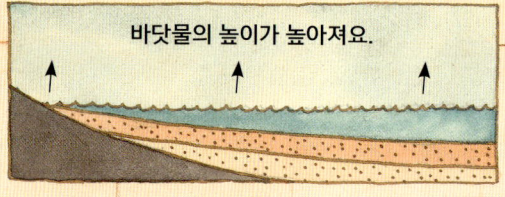

바닷물의 높이가 높아져요.

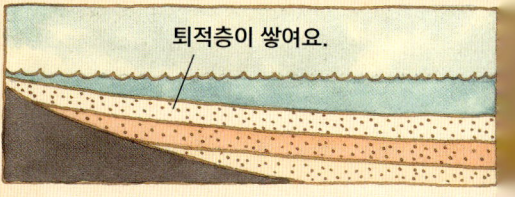

퇴적층이 쌓여요.

북아메리카에서 가장 거대한 육지 새인 콘도르는
날개 길이가 2.7미터가 넘고, 몸무게도 10킬로그램이나 돼요.
'대머리수리'라고도 부르지요.
이 새는 먼 옛날 지구가 얼음으로 뒤덮였던 빙하기부터 살았어요.
당시는 메가테리움(지금은 멸종한 가장 컸던 땅늘보 종류) 같은
거대한 동물이 죽으면 그것을 먹이로 삼았다고 하지요.
하지만 지금은 지구의 날씨가 따뜻해졌고,
사람들의 활동도 많아져 멸종 위기에 놓여 있어요.

시간이 흐르면서 쌓인 모래와 흙이 단단하게 다져지고 서로 달라붙으면 암석이 돼요. 쌓인 것이 무엇이냐에 따라 암석의 종류도 달라지지요.

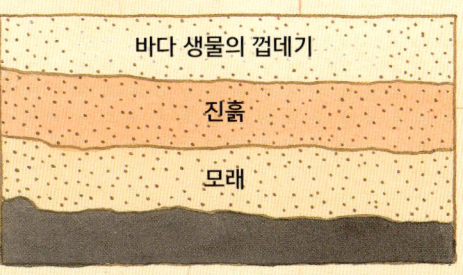

 숲쥐(Woodrat)
 세이지브러시도마뱀(Sagebrush lizard)
 래빗브러시(Rabbitbrush)
 바위다람쥐(Rock squirrel)
 피논소나무(Pinyon pine)

레드월 석회암층 위에는 붉은 바위 언덕이 있어요.
이곳은 바닥 쪽처럼 기온이 높거나 건조하지 않아서
피논소나무와 유타향나무가 잘 자라요.
다람쥐, 얼룩다람쥐, 숲쥐가 이 나무들의 열매를 먹고 살지요.
이 작은 설치류들은 또 쥐잡이뱀과 코요테의 먹이가 되기도 해요.

 피논어치(Pinyon jay)

피논어치는 피논소나무와 유타향나무의 열매를 먹어요. 그런데 열매를 모두 먹어 치우지 않고 조금씩 남겨 땅에 묻고 싹을 틔우게 합니다. 나무가 어치에게 먹이를 주는 대신, 어치는 새로운 나무를 심는 것이지요. 나무와 어치가 서로 도와 가며 피논소나무와 유타향나무 생태계를 지켜 나가고 있는 거예요.

 사막솜꼬리토끼(Desert cottontail)
 매(Peregrine falcon)

 회색여우 (Gray fox)
 유타향나무 (Utah juniper)
 까마귀 (Raven)
 클리프얼룩다람쥐 (Cliff chipmunk)
 클리프로즈 (Cliffrose)

언덕 위로는 허밋층이라고 불리는 암석층이 있어요.
이곳에 있는 화석들은 오래전
어떤 생명체가 살았는지 알려 주지요.

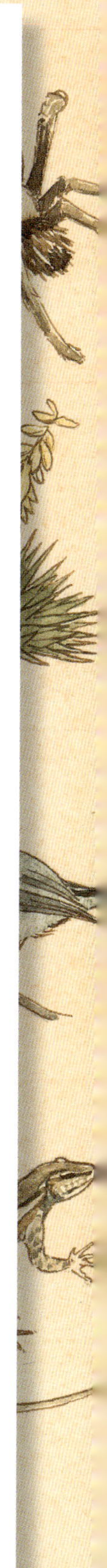

 참새올빼미 (Northern pygmy owl)
 피논쥐 (Pinyon mouse)
 코요테 (Coyote)
 브룸스네이크위드 (Broom snakeweed)
 타운센즈솔리테어 (Townsend's solitaire)

이곳에는 날개 길이가 약 20센티미터나 되는 잠자리가 살았어요.

자, 여기는 약 2억 8,000만 년 전의 그랜드 캐니언이에요.
이 무렵 지구에는 여러 생명체가 나타나기 시작했어요.
나무, 고사리 같은 양치식물, 물고기, 물과 땅을 오가며 사는
양서류, 파충류도 있었지요. 바닷물은 서서히 빠지고 땅에는 강이 흘렀어요.
식물들의 조상 격인 종자고사리식물과 침엽수가 강을 따라 자라고,
양서류가 진흙에 흔적을 남겼어요.
이 진흙은 나중에 허밋층이 되었지요.

허밋층의 붉은 언덕 위에는 높이가
100미터쯤 되는 연한 빛깔을 띤 절벽이 있어요.
좁고 갈라진 발굽을 가진 큰뿔야생양은
이 절벽 바위 사이로 쉽게 지나다니지요.
짝짓기를 하는 가을철이 되면
수컷들은 서로 뿔을 부딪치며 경쟁을 해요.

그랜드 캐니언에 암석층이 생기는 동안 이곳에서 죽은 동식물은 땅에 묻혔는데,
그중 어떤 것들은 화석이 되었지요.

삼엽충이 죽는다.

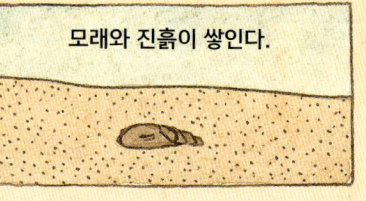
모래와 진흙이 쌓인다.

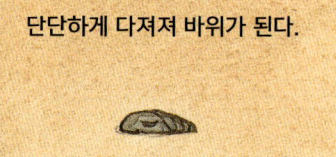
단단하게 다져져 바위가 된다.

삼엽충의 껍데기는 화석이 된다.

이 절벽은 코코니노 사암층이에요.
이곳에서 발견된 발자국 화석은 2억 7,500만 년 전,
여기에 어떤 생명체가 살았는지 알려 줘요.

화석은 먼 옛날 생물이 남긴 흔적이나 죽은 몸이에요. 대부분의 화석은 모래나 진흙이 쌓여 단단해진 암석(퇴적암)에서 발견되지요.

동물이 땅에 찍은 발자국이나 벌레가 땅을 파고든 흔적 등이 남아 화석이 돼요.

동물의 뼈대와 껍데기가 온전하게 남아 생긴 화석은 '체화석'이라고 불러요.

이곳에 오랜 옛날 파충류가 살았던 거예요.
파충류의 조상들은 강한 바람이 부는 모래 언덕을 지나갔어요.

물이 거의 없는 사막에서는 생명체가 살기 어려웠어요.
그러나 파충류와 전갈, 지네 같은 다지류, 거미 등은
이곳에서 살아남았지요.
강한 바람이 불어 모래가 이곳에서 저곳으로 층층이 쌓여 갔어요.
이렇게 쌓인 모래층은 코코니노 사암층이 되었지요.

그랜드 캐니언의 사우스림에 다가갈수록
공기가 더 시원해지고 습도도 높아져요.
기울어진 토로위프층에는 풀과 나무들이 우거져 있어요.
이제 그랜드 캐니언의 맨 위쪽 암석층을 만날 차례예요.
바로 카이바브층이에요.

바람이나 물, 햇볕 때문에 바위가 자연스럽게 쪼개지는 것을 '풍화'라고 해요. 쪼개진 조각들이 깎이는 것은 '침식'이라고 하지요.
눈과 바람, 자라나는 식물들이 오랜 세월 그랜드 캐니언의 바위들을 부수고, 물은 그랜드 캐니언에 쌓여 있던 바위와 모래 등을 깎아 내거나 쓸어 갔어요.

카이바브층의 석회암 절벽에는
2억 7,000만 년 전 이곳이 어떤 모습이었는지
알려 주는 바다 생물 화석이 많이 남아 있어요.

그랜드 캐니언의 암석층이 서로 다르게 깎여 나가면서
절벽과 언덕이 만들어졌어요. 큰 덩어리로 떨어져 나간
석회암층과 사암층에는 절벽이 만들어졌지요.
그와 달리 조금씩 바스러지는 셰일층과 이암층에는
언덕이 생겼어요. 어떤 때는 석회암층이나 사암층 아래의
셰일층이 깎여 나가면서 절벽이 무너지기도 했지요.

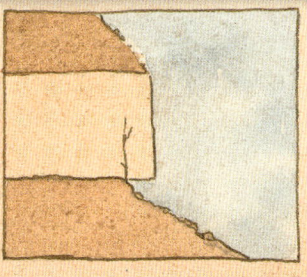
석회암층
셰일층
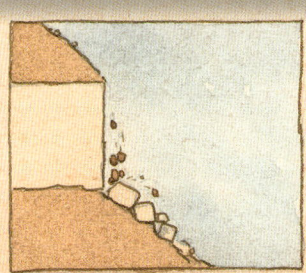

자, 여기는 약 2억 7,000만 년 전의 그랜드 캐니언이에요.
바다가 다시 이곳을 덮었지요.

당시 살던 생물들은 무척 다양했어요.
바다 밑바닥에는 바다나리와 이끼벌레, 해면동물, 산호가 살았고
삼엽충, 조개류와 비슷한 완족류도 있었어요.
앵무조개류와 40종류가 넘는 상어들이 물속을 헤엄쳐 다녔지요.
산호와 완족류 같은 생물들이 죽고 나면
딱딱한 껍데기가 바닥에 쌓였는데,
이것들이 나중에 카이바브층의 석회석으로 변했어요.

 참매(Goshawk)
 엘크(Elk)
 유인타얼룩다람쥐(Uinta chipmunk)
 아메리카황조롱이(American kestrel)
 폰데로사소나무(Ponderosa pine)

콜로라도강에서 그랜드 캐니언의 사우스림 쪽으로 계속 올라가요.
1,524미터 높이에서는 서로 다른 세 가지 생태계를 지나게 되지요.
사우스림 위로 가면 또 다른 생태계를 더 만나게 되고요.

 연미복밀화부리(Evening grosbeak)
 털귀다람쥐(Abert's squirrel)
 카이바브다람쥐(Kaibab squirrel)
 들칠면조(Wild turkey)
 등줄무늬스컹크(Striped skunk)

 파랑새 (Western bluebird)
 퓨마 (Mountain lion)
 산미치광이 (Porcupine)
 큰솜털딱따구리 (Hairy woodpecker)
 감벨참나무 (Gambel oak)

폰데로사소나무 숲에는 털귀다람쥐, 사슴, 엘크가 살고 있어요.
보브캣, 코요테, 매, 퓨마도 이곳에서 사냥을 해요.
퓨마는 생물이 먹고 먹히는 먹이 사슬에서 가장 꼭대기에 있는 강한 동물이지요.

 스텔러어치 (Steller's jay)
 마운틴마호가니 (Mountain mahogany)
 보브캣 (Bobcat)
 수리부엉이 (Great horned owl)
 터키콘도르 (Turkey vulture)

그랜드 캐니언은 거대한 크기와 깊이만큼이나 날씨와 생태가 다양해요.
옛날 이곳에 살던 동식물들은 지금은 오래된 암석층 속에 남아 있어요.
암석층은 그동안 어떤 생물들이 살아왔는지
한눈에 알아볼 수 있는 역사책과도 같지요.

수백만 년 동안 이곳 바위들은
바람과 물에 쪼개지고 깎여 나가며
절벽과 언덕이 되었어요.
세계에서 가장 아름답고 장엄하며
수많은 생물이 함께 숨 쉬는 곳,
이곳의 역사는 지금도 계속되고 있어요.

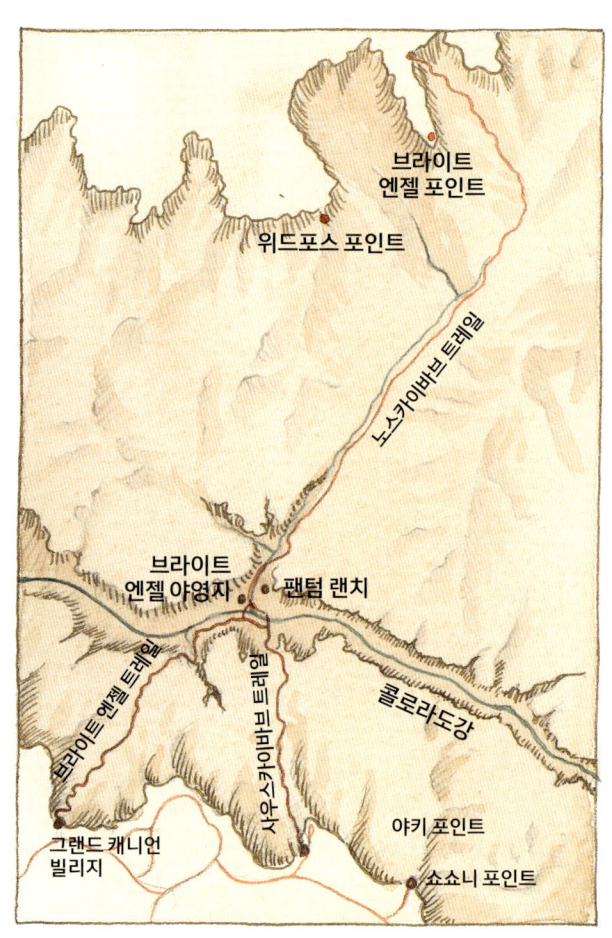

거대한 협곡, 그랜드 캐니언

이 책은 한 소녀가 아빠와 그랜드 캐니언의 노스림에서 사우스림까지 걸어가는 과정을 담고 있습니다. 책의 첫 장면에 나오는 퓨마는 노스카이바브 트레일을 따라 그랜드 캐니언으로 들어오지요. 소녀와 아빠는 팬텀 랜치에서 여행을 시작하여 사우스카이바브 트레일을 통해 사우스림으로 올라가고요.

이 책은 사람과 퓨마가 걸어가는 두 갈래의 길을 통해 그랜드 캐니언의 다양한 생태와 지질학적 특징들을 보여 줍니다. 물론 32킬로미터를 걸어서 1,609미터를 오르내렸지만 그랜드 캐니언을 아주 조금밖에 만나지 못했어요. 그랜드 캐니언은 얼마나 거대한지 한 사람이 평생 연구해도 모두 보지 못하지요.

거대한 크기뿐 아니라 그랜드 캐니언은 믿기 어려울 만큼 오래된 역사와 흥미로운 생태계를 지니고 있어요. 지질학적 중요성 또한 그 어디에도 뒤지지 않지요. 이런 점에서 그랜드 캐니언은 세계가 꼭 지켜 나가야 할 아름다운 협곡으로 유네스코 세계 유산에 올라 있어요.

왼쪽 지도에 표시된 지역

그랜드 캐니언에서 살아간 사람들

사람은 1만 2,000년 동안 그랜드 캐니언을 드나들거나 이곳에서 살았다고 전해져요. 이 지역에 가장 먼저 들어온 사람들은 돌창 등으로 큰 동물을 사냥하며 떠돌아다녔어요. 나중에 아나사지족 등 몇몇 부족이 그랜드 캐니언과 그 주변에 마을을 이루기 시작했지요. 아나사지족은 방이 여러 개 있는 집에 살면서 농사를 짓고 토기를 만들었어요. 아나사지족은 푸에블로족과 호피족, 주니족의 조상 부족이에요. 그러다 1540년에 유럽 사람들이 처음으로 그랜드 캐니언에 발을 들여놓았어요. 호피족이 스페인 탐험가들을 사우스림으로 데려왔거든요. 1869년 미국의 탐험가이자 지질학자인 존 웨슬리 파월도 배로 콜로라도강을 지나면서 그랜드 캐니언을 보게 되었어요. 그가 그랜드 캐니언을 여행했다는 소문이 퍼지자 뒤이어 지질학자, 측량사, 광부, 예술가, 여행가 등이 그랜드 캐니언을 찾아왔지요. 1919년 우드로 윌슨 대통령은 그랜드 캐니언을 국립 공원으로 지정한답니다. 지금은 세계에서 매년 400만 명 이상이 이곳을 찾아와요. 국립 공원의 면적은 약 4,930제곱킬로미터에 이를 정도로 엄청나게 넓지요.

그랜드 캐니언의 주요 지역은 대부분 국립 공원에 포함되었지만 일부 지역은 후알라파이 인디언 보호 구역, 하바수파이 인디언 보호 구역, 나바호 인디언 보호 구역으로 정해져 있어요. 여전히 그랜드 캐니언은 호피족, 나바호족, 주니족, 파이우트족, 아파치족, 후알라파이족, 하바수파이족 등 이곳에서 조상 대대로 살아온 인디언들에게 문화적·정신적으로 중요한 장소거든요.

그랜드 캐니언의 다양한 생태

그랜드 캐니언에는 새 373종, 포유류 92종, 식물 1,750종, 무척추동물 8,000종 등 무척 다양한 생명체가 살고 있어요. 그중 29종은 그랜드 캐니언의 고유종이라서 다른 지역에서는 살아가지 못해요. 이렇게 다양한 생물종이 사는 것은 그랜드 캐니언의 특별한 지형 덕분이에요. 바위 지형과 협곡의 거대한 깊이가 그랜드 캐니언의 기후에 큰 영향을 미치거든요. 협곡의 맨 아래쪽은 덥고 건조하며, 높이에 따라 기후가 계속 변하지요. 그래서 다양한 생태계가 만들어졌어요. 단 몇 시간만 그랜드 캐니언을 걸어도 캐나다 숲에서 멕시코 사막으로 걸어가는 것처럼 환경의 변화를 느낄 수 있답니다.

그랜드 캐니언의 높이에 따른 생태

높이는 근사치예요. 생물이 살아가는 환경은 서서히 변하기 때문에 여기에 표시된 높이에서 다른 생물이 살아가는 경우도 있어요.

북쪽 한대(온대와 한대 기후의 중간) 숲
2,500미터 이상
추운 지역에서 자라는 침엽수인 가문비나무와 전나무는 그랜드 캐니언 노스림에서만 자라요. 노스림이 사우스림보다 300미터쯤 높기 때문이에요.

폰데로사소나무 숲
2,134~2,500미터
폰데로사소나무 숲은 사우스림과 노스림, 그 아래에서도 자라고 있어요.

피논소나무-향나무 지대
1,220~2,134미터
피논소나무과 유타향나무는 비가 오지 않는 곳에서도 자랄 수 있어요. 그래서 사막 기후에 자리 잡았지요.

사막형 초원
1,220미터 이하
북쪽으로 그레이트베이슨, 서쪽으로 모하비사막, 남쪽으로 소노란사막 등 그랜드 캐니언과 맞닿아 있는 사막에 사는 식물과 같은 것들이 발견돼요.

하안지
강을 따라 이어져 있어요. 하안지는 강과 땅이 맞닿는 부분을 말하지요. 흐르는 강물은 이곳의 모든 생명체를 키우고 자라게 하지요. 그랜드 캐니언에서 가장 다양한 생물이 살아가는 곳이에요.

그랜드 캐니언의 암석층

그랜드 캐니언은 세상에서 가장 놀라운 암석층으로도 손꼽혀요. 이곳 암석층은 15억 년 이상(지구 나이의 3분의 1)이나 긴 세월에 걸쳐 만들어졌답니다. 지질학자들은 암석층을 연구하여 그랜드 캐니언의 역사를 밝혀 내고 있어요. 각각의 암석층은 서로 다른 시대에 서로 다른 환경에서 만들어졌지요. 따라서 암석층을 연구하면 그것이 만들어질 때의 환경과 생태를 알아낼 수 있어요. 지질학자들은 지금도 화석과 암석의 모양, 암석층의 구조 등을 열심히 연구하고 있답니다.

퇴적암이 알려 주는 오래전 환경

그랜드 캐니언의 암석층은 대부분 퇴적암이에요. 바람과 비, 햇볕 때문에 바위가 쪼개지고 깎이면서 나온 흙 등이 물에 떠내려가다 한곳에 쌓여요. 이것을 '퇴적물'이라고 하지요. 그렇게 오랜 시간 퇴적되어 단단하게 굳은 암석이 바로 '퇴적암'이에요. 지질학자들은 퇴적암을 연구하여 퇴적물이 생겨날 때의 환경이 어떠했는지를 알아내요. 예를 들어 석회석은 바다 생물의 껍데기로 만들어져요. 따라서 석회암이 나오는 지역은 옛날에 바다였던 적이 있는 거예요. 셰일은 진흙이 쌓여 만들어지는 암석인데, 이 암석이 나오는 곳은 갯벌이나 강이었다는 것이지요. 사암은 모래가 변해 만들어지는 암석이에요. 사암이 발견된다면 그곳이 옛날에 사막, 강, 모래밭이었다는 것이지요.

암석 무늬로 보는 과거의 모습

퇴적암을 살펴보면 먼 옛날 땅의 표면이 어떤 모습이었는지 알 수도 있어요. 이암(진흙이 쌓여 만들어진 암석)에 남은 빗방울 자국은 당시 땅에 비가 떨어졌음을 알려 줘요. 암석 위에 남겨진 물결무늬는 아주 오래전 갯벌이나 강바닥의 물결 모양을 그대로 보여 주지요.

빗방울 자국

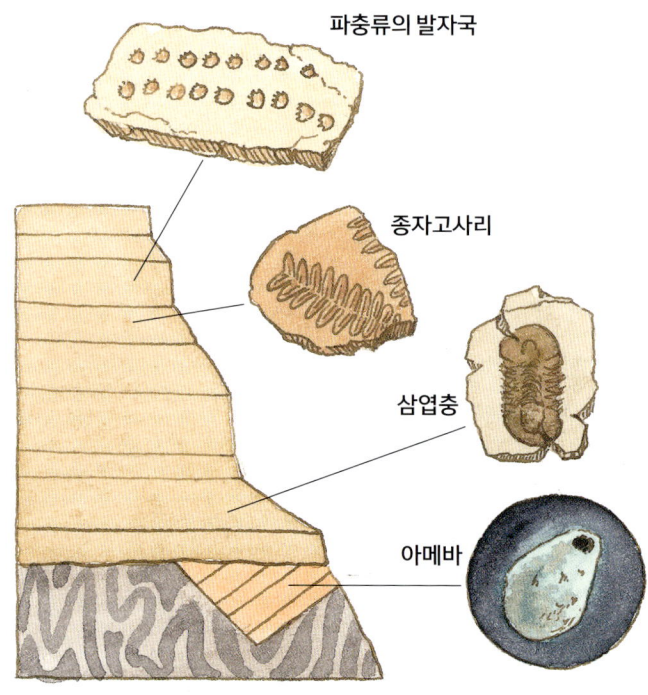

암석층마다 다른 화석의 종류

그랜드 캐니언의 거의 모든 암석층에 화석이 남아 있어요. 화석은 암석층이 만들어질 당시의 생태계를 보여 주지요. 조개껍데기는 바다 생태계를 알려 주고, 발자국 화석은 육지 환경을 상상해 보도록 해 줘요. 그랜드 캐니언의 암석층은 과거의 것부터 최근의 것까지 시간 순서대로 쌓여 있답니다. 가장 오래된 화석은 맨 아래 그랜드 캐니언 슈퍼그룹 암석층에 있어요. 이곳의 화석들은 지구에 처음으로 생명체가 나타난 선캄브리아 시대에 만들어진 거예요. 스트로마톨라이트(박테리아 화석), 아메바 같은 아주 작은 화석이지요. 그랜드 캐니언 슈퍼그룹 암석층 위쪽으로는 삼엽충 화석과 생흔화석(발자국이나 기어간 흔적 등 생물의 활동이 남겨진 화석)이 발견돼요. 그랜드 캐니언의 꼭대기와 가까운 허밋층과 코코니노 사암층에는 파충류, 종자고사리, 나무 등 땅 위에 살았던 생물들의 화석이 나타나지요.

협곡이 만들어지는 과정

강은 흐르면서 땅을 파고 골짜기를 만들어요. 하지만 모든 강이 그런 것은 아니랍니다. 깊은 골짜기인 협곡을 만들기 위해서는 강이 높은 지대를 흐르면서 흙과 모래 등 퇴적물을 움직여야 해요. 강이 이렇게 계속 흐르면서 높은 지대를 파고들면 점차 협곡이 만들어지지요. 이때 땅의 높이가 높을수록 협곡이 더 깊어져요. 사실 땅을 깊이 파서 협곡을 만드는 것은 강물이라기보다는 퇴적물이에요. 모래나 자갈, 그리고 무엇보다 바위가 강 아래쪽으로 떠밀려 가는 동안 강바닥에 부딪혀서 기반암(퇴적물이 쌓이기 전에 원래 있던 암석)을 깎아 내지요. 퇴적물이 많을수록, 바위가 클수록 강바닥을 더 깊이 파내요. 협곡 양쪽 벽이 깎이고, 깎인 것들이 강으로 떨어지면서 협곡은 점점 넓어져요. 퇴적물이 늘어나면서 강은 더욱 강하게 협곡을 판답니다. 그리고 마침내 퇴적물을 하류로 다 쓸어 보내요.

모래와 자갈, 바위가 강에 떠밀려 가면서 강바닥을 더 깊이 파내요.

그랜드 캐니언을 만든 콜로라도강

콜로라도강은 로키산맥에서 시작되어 콜로라도고원을 가로지른 다음 캘리포니아만으로 흘러가요. 그랜드 캐니언은 콜로라도고원의 남서쪽 끝에 있지요. 이곳은 매우 건조해서 모래나 흙 등 퇴적물이 강물로 쓸려 와요. 그래서 강이 녹슨 것처럼 붉은색을 띠지요. 이 때문에 스페인어로 '리오 콜로라도', 그러니까 '붉은 강'이라는 이름이 생겼어요. 봄이 되면 로키산맥의 눈이 녹아 강으로 흘러들어와요. 이때 퇴적물도 강으로 내려오지요. 지금은 콜로라도강 상류의 글렌 캐니언 댐이 홍수를 막아 주지만 예전에는 그랜드 캐니언에 홍수가 자주 났답니다(글렌 캐니언 댐은 퇴적물도 가두기 때문에 오늘날 그랜드 캐니언을 지나는 콜로라도강은 예전처럼 붉은색을 띠지는 않아요). 그랜드 캐니언이 만들어지는 데는 홍수도 중요한 역할을 했어요. 선사 시대에 거대한 홍수가 날 때면 자동차 크기만 한 바위들이 그랜드 캐니언을 마구 굴러다녔을 거예요. 이처럼 콜로라도고원에 그랜드 캐니언이 탄생하기까지는 강, 퇴적물, 홍수 등 여러 환경 요소가 영향을 주었답니다.

여전히 남아 있는 그랜드 캐니언의 비밀

협곡이 어떻게 만들어지는지는 알려져 있지만 그랜드 캐니언이 어떻게 지금의 모습이 되었는지는 정확히 알 수 없어요. 그랜드 캐니언이 얼마나 오래되었는지조차 분명하게 밝혀지지 않았지요. 지질학자들은 콜로라도강이 지금과 같은 모습으로 500만~600만 년 동안 흘렀을 거라고 주장해요. 그랜드 캐니언 역시 콜로라도강만큼 오래되었을 것으로 짐작되지요. 하지만 최근에 새로운 증거들이 나오면서 그랜드 캐니언이 콜로라도강보다 훨씬 오래되었을지도 모른다는 주장이 나오고 있어요. 콜로라도강 이전에 다른 강들이 그랜드 캐니언에 영향을 주었다는 것이지요. 그랜드 캐니언의 자세한 형성 과정과 시기에 대해서는 지질학자마다 의견이 달라요. 지질학자들은 자신의 주장을 뒷받침할 수 있는 새로운 증거들을 찾고 있어요. 그랜드 캐니언의 역사를 모두 알아내지는 못할지도 몰라요. 여러분이 계속 관심을 가져 보면 어떨까요? 나중에 어른이 된 여러분이 새 증거를 찾아내어 그랜드 캐니언에 대해 더 자세한 이야기를 들려주면 좋겠어요.

암석층에 새겨진 이야기

그랜드 캐니언의 암석층은 시간 순서대로 쌓여 있어요.
각각의 암석층은 층이 쌓일 당시 그 지역의 모습이 어떠했는지,
그리고 어떻게 변해 왔는지를 알려 줘요.
지질학자들은 책을 읽듯 암석층이 알려 주는 사실을 읽어 내고,
그 속에 담긴 이야기를 꿰어 맞추었지요. 그 이야기는
그랜드 캐니언의 가장 밑바닥인 기반암에서 시작돼요.

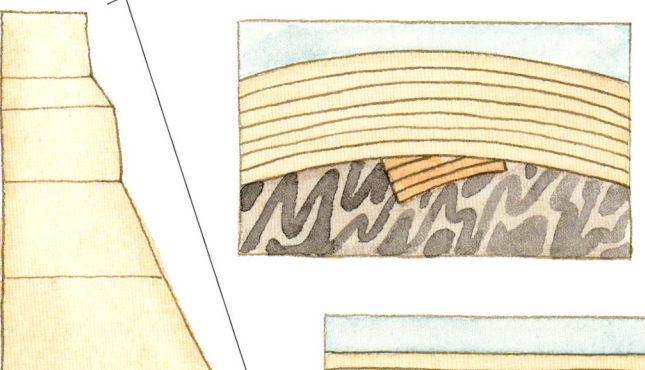

5단계 그랜드 캐니언이 만들어지다
콜로라도고원이 솟아오르다가 어느 순간부터 강물에 깎이면서 그랜드 캐니언이 만들어지기 시작했어요. 500만 년에 걸쳐 강물에 암석층이 쪼개지고 깎이면서 그랜드 캐니언의 가장 밑바닥인 기반암까지 드러났지요.

4단계 콜로라도고원이 솟아오르다
7,000만~4,000만 년 전, 자연적인 힘으로 기반암과 그 위의 모든 암석층이 다른 곳의 땅들보다 높이 들어 올려졌어요. 그렇게 들어 올려진 땅이 콜로라도고원이 되었어요.

3단계 다른 암석층이 더 쌓이다
슈퍼그룹 암석층이 물과 바람 때문에 쪼개지고 깎여 나갔어요. 5억 2,500만 년 전, 바닷물이 이곳을 온통 덮고 빠져나가기를 반복하면서 다른 암석층도 쌓이게 되었지요.

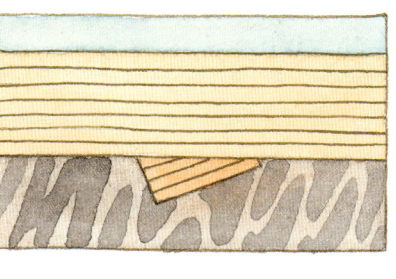

2단계 슈퍼그룹이 형성되고 기울어지다
약 12억 5,000만 년 전, 기반암 위에 그랜드 캐니언 슈퍼그룹 암석층이 쌓였어요. 그 뒤 어떤 힘에 의해 지층이 갈라지고 땅이 기울었어요(단층 작용). 그랜드 캐니언의 슈퍼그룹 암석층도 비스듬히 기울었지요.

1단계 기반암이 만들어지다
약 17억 5,000만 년 전에 지구 내부의 힘에 의해 여러 개의 섬이 고대 북아메리카 대륙과 부딪혔어요. 그때 생겨난 뜨거운 열과 압력 때문에 기반암이 만들어졌지요.

작가의 말

이 책을 쓰고 그리는 동안 그랜드 캐니언이 어떻게 변화해 왔는지 계속 상상해 보았습니다. 까마득한 과거를 떠올리며 이 책을 작업하는 게 무척 재미있었어요. 기본적인 지질학 지식만 갖추면 바위만 보고도 그랜드 캐니언의 과거를 알아낼 수 있다는 점이 저를 이 협곡에 계속 빠져들도록 했지요. 지금도 그곳의 바위를 볼 때면 그 바위가 어디에서 왔는지, 어떻게 만들어졌는지를 떠올려 봐요.

이 책을 그랜드 캐니언과 여러분의 상상력에 바칩니다. 결국 과학과 예술을 가능하게 하는 것은 상상력이니까요. 그랜드 캐니언이 내 상상력을 사로잡았듯 이 책이 여러분의 상상력을 사로잡았으면 좋겠습니다.

그림에 대해

이 책에 나오는 곳들은 대부분 제가 그랜드 캐니언에서 직접 가 본 곳입니다. 여러분도 실제로 그랜드 캐니언을 여행한다면 이 책에 나온 장소들을 모두 가 보게 될 거예요.

하지만 이 책에서 보여 주는 것들 중 실제와 다른 점이 두 가지 있습니다. 첫째, 사우스카이바브 트레일에서 쇼쇼니 포인트(등장인물이 폰데로사소나무 숲과 마주치는 지점)까지는 걸어가지 못한다는 것입니다. 사우스카이바브 트레일에서 쇼쇼니 포인트로 이동하려면 차를 잠시 타야 해요. 책에서는 이야기를 연결하기 위해 차를 타지 않는 것으로 표현했습니다.

둘째, 주인공 소녀가 화석을 발견하는 부분에서 표현한 화석은 실제로는 다른 곳에 있어요. 물론 이 책에 나오는 화석은 모두 그랜드 캐니언에서 발견된 것들입니다. 하지만 여기 표현된 화석 중 몇몇은 전시실에 보관되어 있고, 또 몇몇은 주인공 소녀가 지나는 길이 아닌 다른 길에 있어요. 역시 이야기를 이어 나가기 위해 소녀가 지나가는 곳에 화석이 나오도록 했습니다.

여러분이 그랜드 캐니언에 가면 그랜드 캐니언 전시실과 사우스림, 또 지나는 여러 길에서 화석들을 발견하게 될 거예요. 우연히 화석을 발견한다면, 그 자리에 그냥 두어야 한다는 것도 잊지 마세요. 다른 사람들도 함께 보고, 과학자들이 연구할 수 있도록 말이에요. 그랜드 캐니언 국립 공원 안에 있는 화석을 집어 오는 것은 금지되어 있어요.

이 책에는 오래전 지구의 모습을 묘사한 장면이 많이 나와요. 크리스타 새들러와 데이비드 엘리엇이 제가 당시 모습을 최대한 정확하게 그려 내도록 도와 주었습니다. 각 장면에는 그랜드 캐니언이나 그 주변에서 화석으로 발견된 생물들을 포함시켰어요. 몸이 부드러워서 화석으로는 남아 있지 않지만 당시 이곳에 살았던 해조류와 해파리도 그렸습니다.

그림을 그리는 데 참고할 만한 자료가 거의 없어서 힘들게 작업하기는 했습니다. 예를 들어 코코니노 사암층에는 파충류의 발자국 화석이 있는데, 전체 생김새가 나와 있는 자료를 찾을 수 없었어요. 그래서 당시 파충류는 실루엣으로만 표현했습니다. 한편 카이바브층에는 상어들의 이빨만 남아 있는데, 다른 곳에서(그랜드 캐니언에서 발견되지는 않았어요) 발견된 상어 몸 화석을 보고 그림을 그렸어요. 전체적인 분위기, 빛, 색깔 등 제가 완전히 창작해 낸 것도 많지요. 그림은 과학 연구 결과를 기초로 삼으면서도 제 상상력으로 생명을 얻은 셈이에요.

감사의 말

그랜드 캐니언을 자세히 알고 있는 전문가 네 명이 도와 주었습니다. 그분들의 가르침에 감사를 전합니다. 그분들이 없었다면 이 책은 나오지 못했을 것입니다.

웨인 래니 Wayne Ranney 그랜드 캐니언 지질학자, 작가

스튜어트 애치슨 Stewart Aitchison 박물학자, 작가

크리스타 새들러 Christa Sadler 지질학자, 교육자, 가이드, 작가

데이비드 K. 엘리엇 Dr. David K. Elliott 노던애리조나대학교 고생물학자

릴리 엡스타인 Lili Epstein, 사이러스 록사스 Cyrus Roxas, 케이트 한센-록사스 Kate Hansen-Roxas 에게 특별한 감사를 전합니다.

추천의 말

세계에서 꼭 한 번쯤 가 봐야 할 곳을 꼽으라면 대부분의 과학자들은 다윈의 진화론이 나온 곳인 갈라파고스 제도와 함께 그랜드 캐니언을 빼놓지 않습니다.

그랜드 캐니언은 바람과 물 등으로 오랜 세월 침식 작용을 거치며 완성된, 세상에서 가장 깊은 장엄한 협곡입니다. 무엇보다 서로 다른 시대의 지층이 잘 보존되어 있어 학술적인 가치가 매우 높지요. 죽기 전에 한 번이라도 눈으로 직접 보고, 가슴으로 느끼고, 머리로 확인해 보고 싶은 신비로운 자연의 역사입니다.

그랜드 캐니언은 퇴적물이 쌓여 지층이 생기고, 지층이 힘을 받아 단층(지층이 갈라져 어긋나는 것)과 습곡(지층에 주름이 생기는 현상) 작용이 일어나고, 침강(밑으로 가라앉는 것)과 융기(높이 일어나 들뜨는 것)를 거쳐 다시 지층이 쌓이고, 침식 작용(자연 현상이 지표를 깎는 것)을 받아 오랫동안 만들어진 협곡입니다. 다양한 지각 활동은 물론이고, 이처럼 오래 쌓여 온 지층을 통해 지구의 역사를 수직으로 한눈에 살펴볼 수 있는 곳은 세상에서 거의 유일합니다.

그랜드 캐니언이 만들어지는 데는 얼마나 오랜 시간이 걸렸을까요? 현대 지질학에서는 20억 년 정도라고까지 말합니다. 엄청나지요! 물리학과 지질학, 그리고 생물학적인 증거들을 서로 비교해 가며 증명에 증명을 거듭한 것이니 신뢰할 만합니다. 오늘날 과학은 매우 발달되어 시대를 수십만 년 단위까지도 정밀하게 측정할 수 있지요.

인간은 작은 생명체입니다. 수명도 짧아요. 지구에 존재한 지 약 400만 년 전이라고 하니 그랜드 캐니언의 역사에는 비할 수도 없습니다. 하지만 인간에게는 스스로가 탄생하기도 전에 일어났던 일, 한 번도 경험해 보지 못한 일을 탐구하고 이야기로 구성해 내는 능력이 있지요. 이 그림책 역시 그렇습니다. 작가는 과학과 예술을 잇는 풍부한 상상력으로 우리를 신비로운 과거 속으로 초대합니다.

책을 다 읽고 나면 잠시 눈을 감고 그랜드 캐니언의 장엄함을 느껴 보세요. 인간은 거대한 지구의 아주 작은 부분만 차지하는 존재임을 느낄 수 있을 거예요. 자연 앞에서 겸손해지고, 신비로운 세상에 대한 호기심과 탐구심은 더욱 커지길 바랍니다.

서울시립과학관장 이정모

정원그림책 **그랜드 캐니언** 지구에서 가장 거대한 협곡

수억 년에 걸쳐 만들어진 지구에서 가장 거대한 협곡 그랜드 캐니언의 생태와 기후를 알아 보면서,
자연의 신비를 느끼고 과학적인 탐구심을 기르게 합니다.

글·그림 제이슨 친

미국 뉴햄프셔의 작은 동네에서 자랐습니다. 대학에서 일러스트레이션을 공부했고, 논픽션 작품들로 많은 호평과 찬사를 받았습니다.
《그랜드 캐니언》으로 칼데콧 아너상과 시버트 아너상과 오르비스 픽투스상을,《물냉이》로 칼데콧상과 뉴베리 아너상을,
《우리는 우주 어디쯤 있을까?》로 쿡상을,《탄생》으로 보스턴 글로브 혼북 아너상을 받았습니다.
그 외에도《물이 돌고 돌아》,《모든 것을 끌어당기는 힘》,《우주는 우리 어디쯤 있을까?》,《대왕고래의 마지막 선물》등이 있습니다.

옮김 윤정숙

고려대학교 영어영문학과를 졸업하고 잡지사와 출판사에서 일했습니다.
지금은 번역가로 활동하고 있습니다. 옮긴 책으로《이클립스》,《브레이킹 던》,《택시 소년》,
《영원한 친구》,《물이 돌고 돌아》,《모든 것을 끌어당기는 힘》,《생각하는 아이》,《피어나다》등이 있습니다.

감수 이정모

연세대학교 생화학과를 졸업하고, 같은 학교 대학원에서 석사학위를 받았습니다.
서대문자연사박물관장, 서울시립과학관장, 국립과천과학관장으로 재직했습니다.
과학을 누구나 쉽고 재미있게 즐길 수 있도록 소개하는데 앞장섰고, 2019년 과학기술훈장 진보장을 받았습니다.
쓴 책으로《저도 과학은 어렵습니다만》,《과학이 가르쳐준 것들》,《공생 멸종 진화》등이 있습니다.

그랜드 캐니언
지구에서 가장 거대한 협곡

★ 2018 칼데콧 아너상·시버트 아너상·오르비스 픽투스상·2020 우수환경도서 ★

펴낸날 초판 1쇄 2018년 3월 19일·개정판 2025년 1월 2일
글·그림 제이슨 친 | 옮김 윤정숙 | 감수 이정모 | 편집 이해라 | 디자인 designforme
펴낸이 전은옥 | 펴낸곳 봄의정원 | 등록 제2013-000189호
주소 03961 서울시 마포구 방울내로11길 37, 2204호
전화 02-337-5446 | 팩스 0505-115-5446 | 이메일 eunok9@hanmail.net
ISBN 979-11-6634-065-9 77400

＊이 책은 2018년 출간된《그랜드 캐니언》의 개정판입니다. ＊잘못 만든 책은 구입하신 서점에서 바꾸어 드립니다. ＊책값은 뒤표지에 있습니다.

 품명 아동 도서　제조년월 2025년 1월 2일　사용연령 6세 이상　제조자명 봄의정원
제조국 대한민국　연락처 (02) 337-5446　주소 서울시 마포구 방울내로11길 37, 2204호
주의사항 종이에 베이거나 긁히지 않도록 조심하세요. 책 모서리가 날카로우니 던지거나 떨어뜨리지 마세요.
KC마크는 이 제품이 공통안전기준에 적합하였음을 의미합니다.

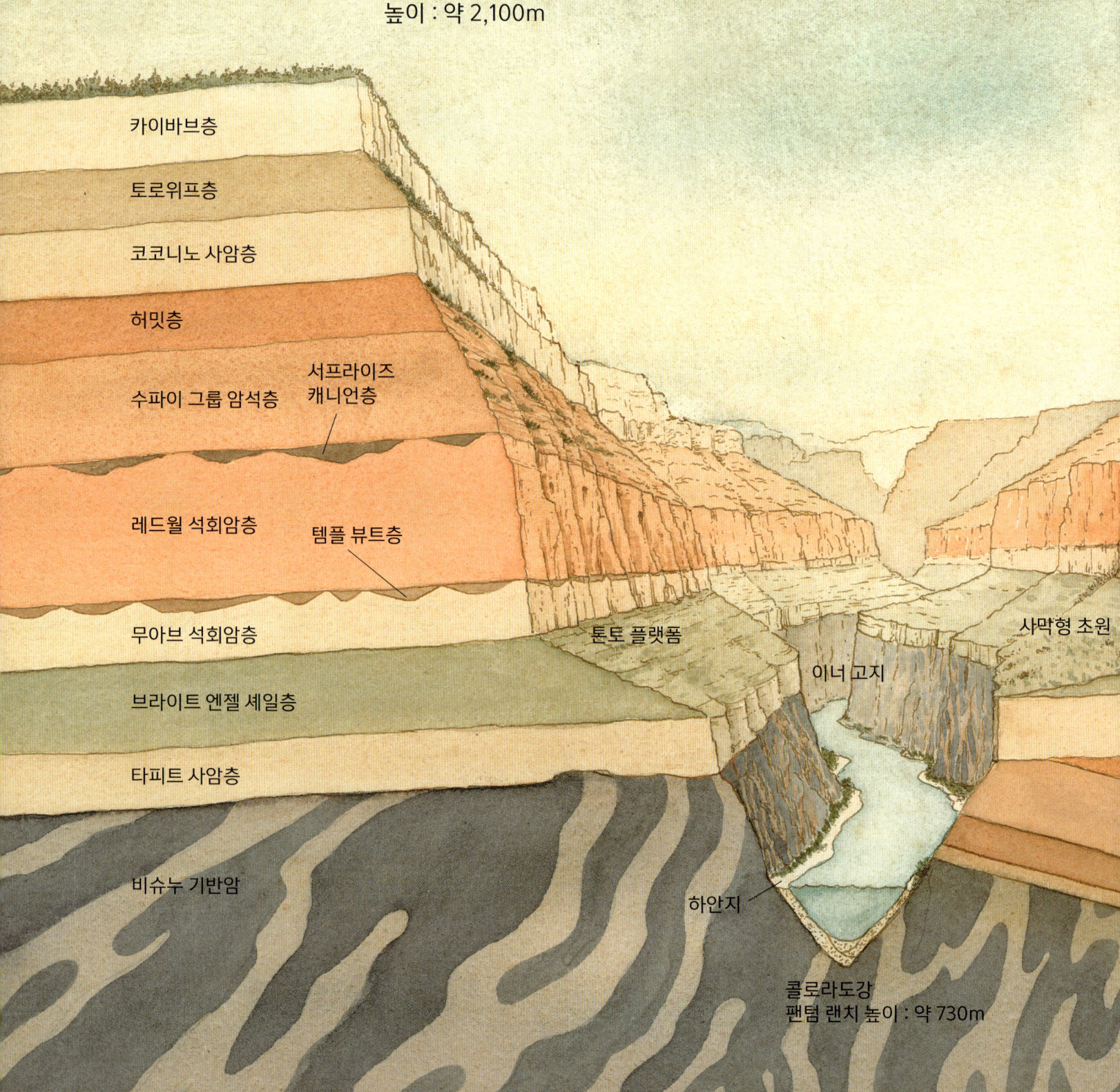